AF312153

Collection de M. Handlé

PORCELAINES

DE LA CHINE ET DU JAPON

IMPRIMÉ PAR PILLET ET DUMOULIN

RUE DES GRANDS-AUGUSTINS, 5, A PARIS.

CATALOGUE

DE

PORCELAINES

DE LA CHINE ET DU JAPON

COMPOSANT LA COLLECTION DE M. H...

ET DONT LA VENTE AURA LIEU

HOTEL DROUOT, SALLE N° 3

Les Mardi 22 et Mercredi 23 Avril 1884,

A deux heures.

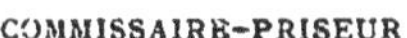

COMMISSAIRE-PRISEUR

Mᵉ PAUL CHEVALLIER, 10, rue de la Grange-Batelière.

EXPERT

M. CH. MANNHEIM, 7, rue Saint-Georges.

Chez lesquels se trouve le présent Catalogue

EXPOSITIONS

PARTICULIÈRE	PUBLIQUE
Le Dimanche 20 Avril 1884	*Le Lundi 21 Avril 1884*

De une heure à cinq heures

CONDITIONS DE LA VENTE

La vente sera faite au comptant.

Les acquéreurs payeront cinq pour cent en sus des enchères applicables aux frais.

L'exposition mettant le public à même de se rendre compte de l'état des objets, il ne sera admis aucune réclamation une fois l'adjudication prononcée.

Paris. — Typ. Pillet et Dumoulin, 5, rue des Grands-Augustins.

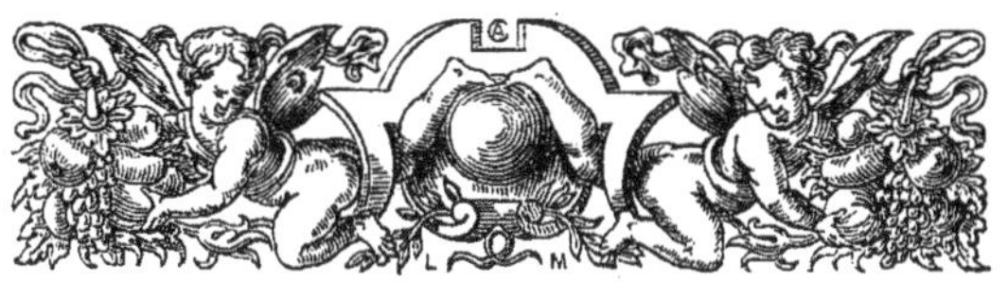

DÉSIGNATION

PORCELAINES DE CHINE

1 — Statuette représentant un génie maritime debout et le pied posé sur la tête d'un monstre marin. Porcelaine blanche.

Pied en bois de fer.

Cette pièce a été gravée dans l'ouvrage de M. O. du Sartel : *La Porcelaine de Chine.*

2 — Figure de Kouan-inn assise sur un rocher, accompagnée de deux enfants debout à ses pieds. Porcelaine blanche.

Haut. 0.21.

3 — Figure d'homme barbu, vêtu d'une longue robe blanche et d'un long manteau en bleu sous couverte, et coiffé d'un capuchon également bleu.

Haut. 0.19.

4 — Figure de vieillard barbu portant de la main droite une branche de pêcher chargée de fruits et qui, passant derrière le cou, vient s'appuyer sur l'épaule gauche; il est vêtu d'une robe en bleu sous couverte retombant sur une jupe blanche et coupée par une sorte de tablier, noué à la ceinture, réservé en biscuit ainsi que les chairs et la tige de pêcher.

Haut. 0.195.

5 — Personnage accroupi vêtu d'une draperie verte et rouge laissant à découvert toute la partie supérieure du corps et les jambes à partir des genoux; il tient de la main droite, debout sur sa cuisse, un petit vase octogone décoré de fleurs.

Haut. 0.12.

6 — Personnage couché en robe jaune d'ocre, appuyé sur vase émaillé en vert. Porcelaine émaillée sur biscuit.

Long. 0.17.

7 — Personnage assis sur un tigre, placé sur un rocher ajouré. Porcelaine émaillée sur biscuit.

Haut. 0.115.

8 — Personnage tenant de la main gauche une sorte de sceptre et debout sur un rocher ajouré. Porcelaine émaillée sur biscuit.

-- Haut. 0.125.

9 — Deux figurines de personnages assis en longues robes fond vert décorées de fleurs; l'un porte une longue barbe et tient une sorte de sceptre; l'autre, imberbe, tient un petit vase. Ils sont placés sur des socles hexagones, fond jaune quadrillé de vert. Porcelaine émaillée sur biscuit.

Haut. o.155.

10 — Figurine de vieillard barbu, vêtu d'une longue robe et tenant une sorte de sceptre; base hexagonale. Porcelaine émaillée sur biscuit.

Haut. o.14.

11 — Groupe de deux personnages assis côte à côte et vêtus de robes laissant à découvert la poitrine et le ventre; l'une des robes fond vert à fleurons lilas et jaunes, l'autre, à carreaux verts, jaunes, noirs et lilas. Base oblongue hexagone. Porcelaine émaillée sur biscuit.

Long. o.10.

12 — Groupe de deux enfants debout sur un rocher ajouré et tenant des tiges de fleurs; ils sont vêtus de robes, l'une jaune, l'autre verte, laissant à découvert la poitrine et le ventre. Porcelaine émaillée sur biscuit.

Haut. o.14.

13 — Diverses figurines en porcelaine émaillée sur biscuit. Huit pièces.

14 — Groupe d'un personnage en costume européen : habit jaune, chapeau à large bord et sabre au côté, assis à côté d'une femme portant un enfant et vêtue d'une longue robe verte ; l'homme pose une de ses jambes sur le genou de la femme et lui enlace le cou du bras droit ; ils sont placés sur une terrasse rectangulaire à base ajourée et entourée d'une galerie basse. Porcelaine émaillée sur biscuit.

Haut. 0.15.

15 — Flambeau composé d'un personnage accroupi et soutenant à deux mains, sur sa tête, un plateau lobé servant de bobèchon ; base quadrangulaire ; porcelaine émaillée sur biscuit de blanc, jaune, vert et violet de manganèse ; les chairs et quelques parties des vêtements réservées en biscuit.

Haut. 0.22.

16 — Paire de chimères assises et supportant de petits cornets hexagones ; émaillées en bleu turquoise, marbré de violet aubergine ; bases quadrangulaires émaillées en violet. Porcelaine émaillée sur biscuit.

Haut. 0.205.

17 — Chien de Fô accompagné d'un petit, sur une base en forme de feuille. Porcelaine émaillée sur biscuit en blanc, jaune, vert et manganèse.

Haut. 0.09.

18 — Chien de Fô couché, la patte droite appuyée sur une boule, sur une base en forme de palme et bordée d'une grecque; le pelage est figuré en bleu et rouge de cuivre sous couverte.

Long. o.145.

19 — Chien de Fô accompagué d'un petit et portant sur son dos une sorte de flambeau cylindrique terminé à la partie supérieure par une fleur de lotus; base rectangulaire percée sur le devant d'une ouverture à bords découpés. Porcelaine émaillée sur biscuit en blanc, vert, jaune et manganèse.

Haut. o.17.

20 — Deux chiens de Fô assis, une patte posée sur une boule, élevés sur une base quadrangulaire. Porcelaine blanche.

Haut. o.125.

21 — Chien de Fô debout sur terrasse, la patte gauche relevée; le corps est teinté en rouge, le pelage du dos en vert, avec quelques rehauts d'or.

Long. o.16.

22 — Chien de Fô assis, émaillé en jaune d'ocre; la crinière, la queue et quelques parties du pelage sont teintées en vert. Porcelaine émaillée sur biscuit. Socle en bois de fer.

Haut. totale. o.198.

23 — Éléphant blanc caparaçonné debout sur une
base oblongue à quatre pieds et quatre pendentifs
triangulaires décorés de fleurs rouges à feuillages
verts ; sur son dos, un personnage en longue robe
verte et coiffure en pointe. Porcelaine émaillée
sur biscuit.

Haut. 0.17.

24 — Chien assis, émaillé en violet de manganèse ;
il porte au cou un collier auquel pend un grelot.
Porcelaine émaillée sur biscuit.

Haut. 0.14.

25 — Deux petits chiens assis, portant des colliers
pourvus d'un grelot ; émaillés sur biscuit en manganèse ; l'un de ton plus clair que l'autre est ta-
cheté de noir. Porcelaine émaillée sur biscuit.

26 — Paire de perroquets émaillés en vert et jaune,
perchés sur des rochers en bleu sous couverte.

Haut. 0.19.

27 — Série de sept perroquets de grandeurs variées
et d'une petite poule sur terrasse. Porcelaine
émaillée sur biscuit.

28 — Coupe à sacrifice ovale à bords élargis s'évasant
à une des extrémités en déversoir soutenu par
deux sauriens à queue fourchue, en relief ; à l'autre
extrémité, une anse plate accostée de deux supports

semblables; l'intérieur et le bord intérieur sont émaillés en vert ponctué de noir et décorés en jaune et manganèse d'arabesques de style archaïque; au fond, un lapin blanc.

Cette pièce est décrite et gravée dans l'ouvrage de M. O. du Sartel : *la Porcelaine de Chine.*

Long. 0.11.

29 — Petite coupe libatoire à couverte, rouge de fer, décorée de bordures ornementales en or, anse ajourée émaillée en bleu et trois petits pieds formés par des ling-tchy également émaillée en bleu. L'intérieur est teinté en vert d'eau. Pied élevé en bois de fer.

Long. 0.105.

30 — Brûle-parfums hémisphérique à trois pieds élevés, représentant le tronc d'un pin dont les branches forment les anses et se répandent autour du vase. Couverte violet aubergine; les anses sont réservées en biscuit. — Socle en bois de fer.

31 — Petit brûle-parfums tripode à deux anses, corps sphérique surbaissé et ouverture cylindrique à bord plat; entièrement émaillé en vert pâle et décoré en relief d'une ceinture de grecques et d'une bordure de dents de loup.

Haut. 0.07.

32 — Petit chien de Fô couché sur une base carrée à
angles rentrants. Bleu turquoise.

Diam. 0.055.

33 — Porte-pinceau à cinq dents et base ajourée,
composé de cinq rinceaux et fleurons. Bleu turquoise.

Long. 0.10.

34 — Deux pitongs cylindriques décorés de reliefs figurant le tronc rugueux d'un pin entouré de branchages et au pied duquel se voient un cerf et une
biche. Bleu turquoise.

Haut. 0.11.

35 — Vase formé par deux carpes accouplées et dres-
sées au-dessus des flots de la mer. Céladon vert
d'eau. Pied en bois de fer.

Haut. 0.21.

36 — Petite bouteille à corps sphérique surbaissé,
piédouche et col cylindrique. Craquelé gris.

Haut. 0.125.

37 — Petite bouteille piriforme, à piédouche et col
cylindrique. Craquelé gris.

Haut. 0.135.

38 — Petite bouteille à corps hémisphérique élevé sur
piédouche, épaulement conique et col cylindrique

s'évasant à l'ouverture; décoré en bleu sous cou‑
verte de rinceaux fleuris et bordures de dents de
loup.

Haut. o.10.

39 — Deux petits vases turbinés à six pans et ouver‑
ture évasée, décorés en bleu sous couverte, de
fleurs et de personnages.

Haut. o.09.

40 — Petite garniture de cinq pièces : trois potiches
couvertes et deux cornets; couverte gros bleu
décoré en or. Jouets d'enfant.

41 — Paire de petites potiches à pied élargi, col
cylindrique et couvercle bombé terminé par un
bouton; décorées en bleu et rouge de cuivre sous
couverte de branchages de vigne chargés de
grappes et de feuilles; autour de l'ouverture, bor‑
dure de lambrequins.

Haut. o.29.

42 — Bouteille piriforme à long col mince s'évasant
à l'ouverture, décorée de trois animaux chimé‑
riques en rouge de cuivre sous couverte.

Haut. o.15.

43 — Petit vase quadrangulaire à pied élargi et petit
col évasé, couverte gros bleu décorée de fleurs
en or.

Haut. o.115.

44 — Petite potiche turbinée fond rouge de fer décoré
en jaune de dragons volant parmi les nuages au-
dessus des flots de la mer.

En dessous, marque à six caractères, à la date de
Kia-tsing (1522-1567).

Cette pièce est gravée et décrite dans l'ouvrage
de M. O. du Sartel : *la Porcelaine de Chine*.

Haut. 0.14.

45 — Vase turbiné à petit col (rapporté, en bronze),
fond gros bleu décoré de reliefs en bleu turquoise
et jaune pâle; au pourtour, des rochers et des
pivoines fleuries; sur l'épaulement, bordure de
colliers de perles à pendeloques; à la base, de
faux godrons ornementés. Porcelaine émaillée
sur biscuit.

Haut. 0.31.

46 — Vase turbiné à petit col et ouverture cylindrique à
fond bleu turquoise foncé; décor en relief émaillé
en blanc jaunâtre et violet de manganèse; au
pourtour, deux personnages dans un paysage avec
fabriques, rochers, etc.; sur l'épaulement, des
lambrequins ornés de fleurs; à la base, large bordure de faux godrons fleuronnés.

Haut. 0.28.

47 — Vase ovoïde à petit col évasé, à couverte émaillée

nuageuse en jaune, bleu verdâtre et pourpre. Au
pied et autour du col, monture ancienne en bronze
doré.

Haut. 0.205.

48 — Petit vase hexagone à épaulement arrondi portant
un dragon rampant, en relief, et ouverture cylindrique; couverte marbrée de blanc, jaune, vert et
manganèse. Porcelaine émaillée sur biscuit.

Diam 0.07.

49 — Bouteille à corps sphérique surbaissé, piédouche
et col s'évasant à l'ouverture; couverte jaune
soufre marbrée de vert.

Haut. 0.13.

50 — Petit vase ovoïde à ouverture cylindrique; porcelaine mince décorée, au pourtour, d'un paysage
où deux femmes surveillent deux enfants; autour
de l'ouverture, bordure d'arabesques dorées.

Haut. 0.14.

51 — Petit vase ovoïde à ouverture cylindrique, fond
pointillé de bleu; sur chaque face, une grande
réserve contenant, d'un côté un paysage rocheux
traversé par un lama; de l'autre, une longue
inscription; autour du col et à la base, bordure de
grecques en couleurs.

Haut. 0.13.

52 — Deux petites potiches en hauteur, à couvercles
bombés surmontés d'un bouton ; fond émaillé
rose, décoré sur l'épaulement et à la base de rinceaux fleuronnés ; sur chaque face, un médaillon
en réserve contenant des tiges de pivoines.

Haut. 0.29.

53 — Cornet octogone à bordures émaillées de lambrequins ; sur chaque pan, alternativement des
fleurs et des personnages.

Haut. 0.26.

54 — Gourde octogone à deux renflements et col cylindrique, décorée d'un fond clathré en rouge de
fer, coupé par quatre réserves en spirales contenant des tiges fleuries.

Haut. 0.19.

55 — Vase turbiné de forme légèrement aplatie, à
côtes, pied élargi et couvercle bombé surmonté
d'un bouton ; fond pailleté de brun rouge semé de
fleurs et de rosaces ; sur chaque face, un médaillon
en réserve contenant des vases de fleurs et des
objets sacrés.

Haut. 0.28.

56 — Vase cylindro-ovoïde fond noir décoré de rinceaux verts et de fleurs polychromes.

Haut. 0.09.

57 — Petit vase ovoïde cotelé à ouverture cylindrique
montée en cuivre doré; fond rouge orné de branchages dorés à fleurs blanches; sur chaque face
un médaillon réniforme en réserve, contenant un
paysage.

Haut. o.o8.

58 — Deux petits vases quadrangulaires à base élargie
élevée sur quatre pieds et simulant le bois; l'un,
à fond de fleurs émaillé en blanc, porte sur chaque
face un médaillon orné de fleurs et d'oiseaux;
l'autre, à fond de fleurs d'or, est décoré de médaillons contenant des scènes familières. Petits
couvercles en métal doré.

Haut. o.11.

59 — Paire de petits vases ovoïdes à piédouche et col
à ouverture évasée; au pourtour, des fleurs; à la
base et sur l'épaulement, bordure de faux godrons
roses; sur le piédouche, bordure verte quadrillée.
Monture ancienne en argent.

Haut. o.o85.

60 — Petit vase d'applique bursaire à base conique;
sur la panse, médaillon en creux décoré en relief
d'une chrysanthème entourée de feuilles; sur le col,
un mascaron grimaçant. Porcelaine émaillée sur
biscuit en vert, manganèse, jaune et blanc.

Haut. o.15.

61 — Vase cylindrique cerclé à la base de filets en
creux, décoré au pourtour, sur fond brun, qui
semble avoir été mordu par un acide; deux personnages dans un jardin; de l'autre côté, une longue
inscription.

Haut. 0.082.
Diam. 0.118.

62 — Pitong cylindrique ajouré composé de branchages entrelacés de bambou, de pin et de pêcher
en fleurs, aux couleurs naturelles.
   Pied en bois de fer.

Haut. 0.095.

63 — Pitong cylindrique entièrement émaillé en vert;
sur chaque face, un médaillon carré à angles rentrant décoré de sujets en relief; dans l'un, des enfants jouant avec des canards; dans l'autre, un enfant présentant un canard à un personnage assis
auprès d'une table.

Haut. 0.112.

64 — Vase en forme de tronc d'arbre; à la base, un
rocher ajouré sur lequel est posé un perroquet.
   Pied en bois de fer.

Haut. totale, 0.24.

65 — Deux petits vases bursaires à deux anses laté-
rales formées par des animaux chimériques; couverte extérieure nankin; sur chaque face un rocher

d'où s'échappent des tiges fleuries en émaux de la famille verte.

Diam. 0.075.

66 — Flacon à tabac cylindrique à petit col s'évasant légèrement à l'ouverture; couverte jaune d'ocre, décorée en brun, d'un dragon volant dans les nuages, au-dessus des flots de la mer. En dessous, marque à quatre caractères indiquant la date de *Young-tching* (1723-1736).

Haut. 0.104.

67 — Flacon à tabac ovoïde à pied élargi et petit col évasé à l'ouverture; décoré en bleu sous couverte; sur la panse, six côtes saillantes portant chacune une femme debout.

Haut. 0.072.

68 — Flacon à tabac ovoïde à petit col cylindrique s'évasant à l'ouverture, décor polychrome en relief; au pourtour, la mer avec des embarcations chargées de personnages; autour du col, une grecque; au culot, bordure festonné.

Haut. 0.065.

69 — Flacon à tabac ovoïde à col cylindrique, ouverture évasée et base ovale, décor analogue à celui de la pièce précédente.

Haut. 0.06.

2

70 — Flacon à tabac piriforme, à petit col cylindrique;
au pourtour, un dragon rouge à écailles d'or, volant
au-dessus des flots de la mer.

Haut. 0.05.

71 — Flacon à tabac orbiculaire à piédouche entouré
de rosaces ajourées et dorées; sur le côté et l'épaulement branchages, en relief; sur chaque face, un
dragon volant, en or.

Haut. 0.05.

72 — Flacon à tabac ovoïde à petit col cylindrique;
couverte vert olive finement truitée.

73 — Flacon à tabac ovoïde à petit col évasé, couverte
céladon gris verdâtre.

74 — Flacon à tabac piriforme à col cylindrique bleu
de cobalt décoré de fleurette en blanc fixe.

75 — Flacon à tabac ovoïde à épaulement conique et
ouverture bordée d'un filet saillant et fermée par
un couvercle plat. Couverte violet de manganèse.

76 — Deux flacons à tabac en forme de bouteille,
couverte noire.

77 — Flacon à tabac piriforme à col cylindrique,
couverte feuille morte décorée d'un bambou en
émail bleu.

78 — Flacon à tabac à corps sphérique et long col cylindrique s'évasant à l'ouverture ; couverte nankin.

79 — Flacon à tabac de même forme ; couverte gris roussâtre.

80 — Tasse et soucoupe à bordure quadrillée noire ; fond de fleurs d'or entourant un médaillon en forme de feuille, décoré d'un paysage où deux guerriers tartares montés sur des chevaux blancs fument de longues pipes ; ils sont suivis d'un serviteur tenant une lance d'une main et de l'autre un oiseau mort.

Diam. de la soucoupe, o.135.

Haut. de la tasse, o.045.

81 — Tasse-gobelet à bord légèrement évasé et soucoupe en porcelaine mince, décorées en plein : une jeune femme assise à l'ombre d'un saule surveille deux enfants qui jouent avec un lapin blanc.

Diam. de la soucoupe, o.155.

Haut. de la tasse, o.068.

82 — Tasse et soucoupe à fond de fleurs d'or entourant un grand médaillon à bords festonnés, contenant un sujet familier : une femme, assise auprès de

deux tables sur lesquelles sont des vases, regarde
deux enfants dont l'un lui présente un lapin blanc.

Diam. de la soucoupe, 0.115.
Haut. de la tasse, 0.04.

83 — Tasse et soucoupe, à bordure rose mosaïque à
trois réserves de rinceaux dorés ; fond d'or clathré
portant trois rosaces émaillées en lilas et trois réserves décorées de fleurs ; médaillon lobé encadre
d'un filet bleu et contenant un sujet familier, une
femme assise joue de la mandoline ; debout à côté
d'elle, un enfant tenant un sceptre.

Diam. de la soucoupe, 0.115.
Haut. de la tasse, 0.04.

84 — Tasse et soucoupe à bordure verte quadrillée de
noir à trois réserves décorées de rinceaux polychromes ; au centre de la soucoupe, sur un fond
rose clathré, grand médaillon à six pointes lobées,
contenant un sujet familier : une femme assise et
trois enfants regardent deux coqs combattants. Le
revers de la soucoupe est émaillé en rouge d'or.

Diam. de la soucoupe, 0.115.
Haut. de la tasse, 0.04.

85 — Tasse et soucoupe à bordure rose mosaïque à
trois réserves de rinceaux fleuronnés en or ; paysage
agreste où une femme tenant une baguette fait
paître des moutons et offre une fleur à une autre

femme debout devaut elle et portant au bras un panier.

Diam. de la soucoupe, o.115.
Haut. de la tasse, o.04.

86 — Tasse et soucoupe décorées en noir et or ; bordure mosaïque, à trois réserves de rinceaux fleuronnés ; sujet représentant un intérieur où un jeune homme lit un manuscrit à une jeune femme ; par une fenêtre ouverte, un jeune garçon les observe.

Diam. de la soucoupe, o.115.
Haut. de la tasse, o.o35.

87 — Tasse et soucoupe à bordure vermiculée d'or ; au centre, sous la vérandah d'un pavillon où l'on accède par des marches, une dame, assise à une table et accompagnée de deux suivantes tenant de grand écrans à longs manches, s'entretient avec un guerrier, debout au dehors.

Diam. de la soucoupe, o.11.
Haut. de la tasse, o.045.

88 — Tasse et soucoupe à bordure mosaïque noire coupée par trois rosaces en or, encadrant un fond d'or chargé de fleurs sur lequel se détache un médaillon en forme de feuille et contenant un paysage polychrome où se trouve, au premier plan, un pâtre accompagnant un buffle.

Diam. de la soucoupe, o.115.
Haut. de la tasse, o.04.

89 — Petite tasse et soucoupe à bord lobé décorées en plein : paysage traversé par une rivière au bord de laquelle court un buffle portant sur son dos un enfant qui tient la corde d'un cerf-volant.

Diam. de la soucoupe, 0.10.
Haut. de la tasse, 0.032.

90 — Tasse et soucoupe décorées en noir à rehauts d'or ; bordure mosaïque à quatre réserves de rinceaux fleuris ; au centre, un paysage où l'on voit un buffle portant un jeune pâtre sur son dos.

Diam. de la soucoupe, 0.113.
Haut. de la tasse, 0.035.

91 — Tasse et soucoupe, à bordure de fleurs en or, encadrant un paysage avec personnages.

Diam. de la soucoupe, 0.115.
Haut. de la tasse. 0.04.

92 — Tasse et soucoupe à bord lobé, à décor polychrome et or : une femme portant un parasol et accompagnée d'un enfant ; devant eux, trois oiseaux.

Diam. de la soucoupe, 0.11.
Haut. de la tasse, 0.035.

93 — Tasse et soucoupe, à bordure rose quadrillée coupée par quatre réserves de fleurs entourant un médaillon à huit lobes, fond d'or clathré portant

au centre un paysage avec sujet érotique, lequel est reproduit au fond de la tasse.

Diam. de la soucoupe, 0.11.
Haut. de la tasse, 0.035.

94 — Tasse et soucoupe à bord festonné décorées de fonds partiels mosaïques clathrés, alternativement bleu et vert, encadrant une rosace à six divisions séparées par des filets dorés et contenant des fleurs.

Diam. de la soucoupe, 0.115.
Haut. de la tasse, 0.04.

95 — Tasse et soucoupe fond vert vermiculé de noir et portant des fleurettes rouges et or; coupé par quatre médaillons lobés en réserve, contenant des fleurs; au centre de la soucoupe et au fond de la tasse, une rosace fleuronnée.

Marque à la pierre honorifique.

Diam. de la soucoupe, 0.125.
Haut. de la tasse, 0.048.

96 — Soucoupe du même service.

Diam. 0.125.

97 — Tasse et soucoupe cotelées à bord dentelé, à décor de tiges fleuries parmi lesquels courent des coqs; au centre, un petit médaillon contenant une fleur de nélumbo.

Diam. de la soucoupe, 0.13.
Haut. de la tasse, 0.05.

98 — Tasse et soucoupe à bord dentelé, décorées
extérieurement d'un fond nankin, sur lequel s'enlèvent des tiges fleuries de nélumbo et des oiseaux,
en émaux de la famille verte ; le fond de la soucoupe porte le même sujet sur fond blanc.

Diam. de la soucoupe, 0.115.
Haut. de la tasse, 0.044.

99 — Tasse et soucoupe, à fond céladon vert pâle décoré en émaux de la famille verte , sur un tertre
placé au bord d'une rivière où nagent des poissons,
s'élève une pagode entourée d'un pêcher en fleurs
et de bambous, sur lesquels sont perchés un singe
et des oiseaux. L'intérieur de la tasse est décoré de
fleurs en bleu sous couverte.

Diam. de la soucoupe, 0.11.
Haut. de la tasse, 0.04.

100 — Tasse et soucoupe à bord lobé en porcelaine
mince, décorées en or, à rehauts de rouge et de
bleu, de grues volant, alternant avec des pêches de
longévité.

Diam. de la soucoupe, 0.130.
Haut. de la tasse, 0.042.

101 — Tasse et soucoupe à bord lobé, décorées d'un
rocher entouré de pivoines en fleurs et sur lequel
un coq perché guette une sauterelle monstrueuse.

Diam. de la soucoupe, 0.132.
Haut. de la tasse, 0.045.

102 — Tasse et soucoupe à bordure quadrillée d'or
coupée par quatre réserves contenant des feuillages
en pourpre, décorées en émail blanc d'un fond de
rinceaux fleuris encadrant un médaillon à quatre
lobes où sont des oiseaux perchés sur des branchages.

Diam. de la soucoupe, 0.115.
Haut. de la tasse, 0.04.

103 — Tasse et soucoupe à bordure d'or dentelée, décorées d'un coq et d'une poule sur terrasse. Au
fond de la tasse, une fleur de vanille en or.

Diam. de la soucoupe, 0.115.
Haut. de la tasse, 0.04.

104 — Tasse hémisphérique et soucoupe à bordure
d'or fleuronnée; sur un fond de rinceaux fleuris en
émail blanc, se détache un médaillon circulaire à
décor polychrome représentant deux coqs dont l'un
est perché sur un rocher entouré de branches de
roses.

Diam. de la soucoupe, 0.11.
Haut. de la tasse, 0.04.

105 — Tasse et soucoupe décorées d'un rocher entouré de roses, sur lequel est perché un faisan; à la
base, à moitié caché par le rocher, un canard.

Diam. de la soucoupe, 0.11.
Haut. de la tasse, 0.04.

106 — Tasse et soucoupe ; fond de fleurs en or de deux tons entourant un médaillon lobé, décoré d'un rocher entouré de tiges de rosier en fleur, sur lequel est perché un oiseau.

Diam. de la soucoupe, o.115.
Haut. de la tasse, o.04.

107 — Tasse et soucoupe, portant sur le bord quatre grandes feuilles découpées en noir, retombant sur une bordure de fleurs et fruits en or; au centre, un rocher entouré de pivoines, sur lequel est perché un coq.

Diam. de la soucoupe, o.115.
Haut. de la tasse, o.o38.

108 — Tasse et soucoupe, à bordure mosaïque quadrillée jaune pâle à trois réserves de fleurs, encadrant un fond gros bleu sur lequel se détache un médaillon à bords festonnés contenant un rocher fleuri sur lequel est perché un coq.

Diam. de la soucoupe, o.13.
Haut. de la tasse, o.o35.

109 — Tasse et soucoupe, à bordure de rinceaux dorés et contre-bordure de fleurs; au fond de la soucoupe, un faisan perché sur un rocher d'où s'échappent des tiges de roses et de lis jaunes; au pourtour de la tasse, même décor où le faisan est remplacé par un fong-hoang.

Diam. de la soucoupe. o.115.
Haut. de la tasse, o.o36.

110 — Tasse et soucoupe, à bordure mosaïque noire, entre deux filets dorés; au fond de la soucoupe et au pourtour de la tasse, deux coqs sur des rochers entourés de tiges de pivoines roses.

Diam. de la soucoupe, 0.112.
Haut. de la tasse, 0.04.

111 — Tasse et soucoupe, à bordure mosaïque vert pâle; fond d'or clathré, entourant un médaillon à bord festonné, contenant un rocher entouré de pivoines fleuries, sur lequel est perché un coq; au dessus, deux cachets en rouge.

Diam. de la soucoupe, 0.115.
Haut. de la tasse, 0.037.

112 — Tasse et soucoupe, à bordure quadrillée noire; fond d'or clathré à quatre réserves, en forme de fruits et de feuilles, et décorées de fleurs; au centre de la soucoupe, dans une réserve circulaire, un rocher entouré de pivoines sur lesquelles est perché un oiseau.

Diam. de la soucoupe, 0.115.
Haut. de la tasse, 0.04.

113 — Tasse et soucoupe, à bordure rose quadrillée; fond mosaïque pavé noir, chargé de fleurs en couleurs, et portant un médaillon en forme d'écran bordé d'or et à manche garni de deux glands en or, décoré d'un rocher entouré de pivoines, de bam-

bous et d'un pêcher en fleurs, sur lequel est perché
un oiseau bleu pâle.

Diam. de la soucoupe, 0.115.
Haut. de la tasse, 0.04.

114 — Tasse et soucoupe, à bordure de rinceaux fleuris polychromes; fond mosaïque pavé rosé, sur lequel s'enlève une réserve en forme de feuilles entourée de fleurs et contenant un faisan perché sur
un rocher fleuri.

Diam. de la soucoupe, 0.115.
Haut. de la tasse, 0.04.

115 — Tasse et soucoupe, à bordure fond bleu turquoise clathré à contours irréguliers cernés d'arabesques en or; au fond de la soucoupe et au pourtour de la tasse, deux oiseaux à plumage noir
perchés sur des tiges de pivoines roses en fleur.

Diam. de la soucoupe, 0.132.
Haut. de la tasse, 0.045.

116 — Tasse et soucoupe décorées en or et argent;
bordure quadrillée à trois réserves de rinceaux
fleuronnés; au fond, un faisan perché sur une
branche de magnolia en fleur.

Diam. de la soucoupe, 0.105.
Haut. de la tasse, 0.035.

117 — Tasse et soucoupe, décorées de branches de
pêcher, portant un oiseau, alternant avec deux

grands fonds partiels en forme de lambrequin, l'un
rouge et l'autre jaune, sur lesquels court un kilin
parmi des rinceaux verts à fleurs ornementales.

Diam. de la soucoupe, 0.115.
Haut. de la tasse, 0.04.

118 — Tasse et soucoupe décorées d'un paysage rocheux, traversée par une rivière chargée d'embarcations; au bord de la soucoupe, quatre bouquets
de fleurs; à l'intérieur de la tasse, bordure mosaïque vert pâle à quatre réserves de fleurs.

Diam. de la soucoupe, 0.115.
Haut. de la tasse, 0.04.

119 — Tasse et soucoupe à bordure noire quadrillée
d'or et seconde bordure de rinceaux fleuris, entourant un paysage montagneux traversé par un cours
d'eau; au premier plan, un rocher surmonté d'une
habitation et entouré de nuages.

Diam. de la soucoupe, 0.115.
Haut. de la tasse, 0.04.

120 — Tasse et soucoupe fond mosaïque clathré, bleu
pâle, sur lequel se détache un grand médaillon à
bords découpés, contenant un paysage traversé par
une rivière où voguent des embarcations. A l'intérieur de la tasse, bordure rose quadrillée.

Diam. de la soucoupe, 0.11.
Haut. de la tasse, 0.035.

121 — Tasse et soucoupe, fond bleu turquoise, mosaïque clathré, sur lequel se détache un médaillon encadré de dragons ornemanisés en or et contenant un paysage rocheux avec des habitations sur pilotis et une rivière chargée d'embarcations. A l'intérieur de la tasse, bordure rose quadrillée.

Diam. de la soucoupe, o.11.
Haut. de la tasse, o.o35.

122 — Tasse et soucoupe, fond rouge d'or, à deux réserves, en forme de rouleaux, à revers mosaïques bleu pâle, contenant des paysages, alternant avec deux fleurs de chrysanthèmes blanches à tige et feuillages verts; au centre de la soucoupe, réserve ovale, décorée d'un chien de Fô, répété au fond de la tasse.

Diam. de la soucoupe, o.112.
Haut. de la tasse, o.o35.

123. — Tasse et soucoupe, fond rouge d'or, à trois réserves lobées, contenant des paysages; au centre de la soucoupe, médaillon circulaire, en réserve, également décoré d'un paysage.

Diam. de la soucoupe, o.112.
Haut. de la tasse, o.o4.

124 — Tasse hémisphérique et soucoupe à côtes et bords à larges dents; bordure de zigzags rouges, décor de vases et objets sacrés.

Diam. de la soucoupe, o.115.
Haut. de la tasse, o.o4.

125 — Tasse-gobelet et soucoupe pourvue, en son centre, d'un filet saillant circulaire; fond vert mosaïque, sur lequel se détachent deux grands médaillons à bords lobés et dorés, contenant des fleurs et des objets sacrés en couleurs et or.

Diam. de la soucoupe, 0.11.

Haut. de la tasse, 0.052.

126 — Tasse et soucoupe, à bordure verte quadrillée de noir; fond mosaïque lilas, à trois réserves lobées décorées de fleurs; au centre de la soucoupe, groupe de vases contenant des fleurs et des fruits, dans un grand médaillon à bord lobé, se détachant sur un fond clathré bleu turquoise.

Diam. de la soucoupe, 0.115.

Haut. de la tasse, 0.04.

127 — Tasse et soucoupe à bordure bleu pâle quadrillée; fond mosaïque rose chargé de fleurons en or et portant quatre réserves décorées de fleurs; au centre, grande réserve circulaire contenant des vases remplis de fleurs et de fruits.

Diam. de la soucoupe, 0.117.

Haut. de la tasse, 0.04.

128 — Tasse conique et soucoupe fond mosaïque pavé rose, portant trois réserves de fleurs, disposées autour d'un fond partiel, triangulaire aux angles et

au centre duquel sont placés des cachets lobés gros bleu à rinceaux d'or.

Diam. de la soucoupe, 0.113.
Haut. de la tasse, 0.036.

129 — Tasse conique et soucoupe, à bordure quadrillée rose; fond clathré bleu turquoise, à quatre réserves lobées contenant des fleurs disposées autour d'un fond partiel, mosaïque rose pavé quadrangulaire, bordé d'un filet vert se terminant aux quatre angles par un fleuron; au centre, médaillon lobé, en réserve, contenant des fleurs.

Diam. de la soucoupe, 0.107.
Haut. de la tasse, 0.035.

130. Tasse et soucoupe à bordure quadrillée bleu turquoise supportant des lambrequins à fond d'or clathré, entre lesquels sont placées des fleurs; au centre, un panier fleuri. Le revers de la soucoupe est émaillé en rouge d'or.

Diam. de la soucoupe, 0.112.
Haut. de la tasse, 0.038.

131 — Théière du même service.

Haut. 0.114.

132 — Tasse et soucoupe à bordure rose quadrillée, coupée par quatre réserves de rinceaux polychromes, décorées de quatre groupes de fleurs et fruits alternant avec des fonds partiels composés

de rinceaux fleuris en cr. Au centre de la soucoupe,
des fleurs et des papillons.

Diam. de la soucoupe, o.118.
Haut. de la tasse, o.04.

133 — Tasse et soucoupe à bordure rose quadrillée;
fond de rinceaux fleuris en or, entourant un grand
médaillon à bords festonnés contenant des tiges
fleuries de pivoines au-dessus desquelles vole un
papillon.

Diam. de la soucoupe, o.115.
Haut. de la tasse, o.04.

134 — Tasse et soucoupe à bordure rose quadrillée,
décorées de rinceaux fleuris; au centre de la soucoupe, médaillon lobé contenant un groupe de
fleurs et de fruits.

Diam. de la soucoupe, o.115.
Haut. de la tasse, o.04.

135 — Tasse et soucoupe, à bordure d'argent quadrillée de noir, à quatre réserves de rinceaux et
fleurons; fond mosaïque bleu turquoise entourant
un décor symétrique de fleurs, rinceaux et fleurons
en argent et or.

Diam. de la soucoupe, o.118.
Haut. de la tasse, o.04.

136 — Tasse et soucoupe à bord lobé, décorées d'une
couronne, composée de dragons en or et de fleurs

3

de nélumbos, au-dessus de laquelle volent trois papillons alternant avec trois pivoines à fleurs d'or.

Diam. de la soucoupe, o.105.

Haut. de la tasse, o.o35.

137 — Tasse et soucoupe à bordure de rinceaux pourpre, ornée de rinceaux feuillus en or; au centre de la soucoupe et sur une face de la tasse, vase ajouré noir et or, contenant des tiges fleuries en émail bleu.

Diam. de la soucoupe, o.115.

Haut. de la tasse, o.04.

138 — Tasse et soucoupe à bordure rose quadrillée, fond brun vermiculé, chargé de fleurs de pêcher blanches, portant en réserve un médaillon en forme de feuille et décoré d'une branche de pivoine fleurie.

Diam. de la soucoupe, o.115.

Haut. de la tasse, o.04.

139 — Tasse et soucoupe à bord lobé, fond bleu pâle, pailleté de noir; sur lequel s'enlève une grande rosace, formée d'une fleur à six pétales, teintée en carmin; à l'intérieur de la tasse, trois branches de pivoine.

Diam. de la soucoupe, o.13.

Haut. de la tasse, o.045.

140 — Tasse à anse et soucoupe, fond de rinceaux
fleuris, émaillés en couleurs, entourant des médaillons, décorés de fleurs et de papillons.

Diam. de la soucoupe, 0.12.
Haut. de la tasse, 0.055.

141 — Tasse hémisphérique et soucoupe, fond émaillé
vert d'eau, portant en réserve des médaillons à
bord festonné, contenant des fleurs en or.

Diam. de la soucoupe, 0.135.
Haut. de la tasse, 0.048.

142 — Tasse conique et soucoupe à bordure rose,
quadrillée et fond mosaïque bleu pâle et noir, sur
lequel se détachent quatre éventails symétriquement disposés, à monture émaillée en jaune et
feuille décorée de fleurs sur fond d'or.

Diam. de la soucoupe, 0.108.
Haut. de la tasse, 0.035.

143 — Tasse conique et soucoupe décorées de trois
éventails symétriquement disposés, à monture
jaune et feuille fond émaillé rose à fleurs en couleurs et or, se détachant sur un fond partiel jaune,
quadrillé de noir ; au fond de la tasse et au centre
de la soucoupe, dans un petit médaillon en réserve,
un coq.

Diam. de la soucoupe, 0.11.
Haut. de la tasse, 0.035.

144 — Tasse conique et soucoupe décorées de trois
éventails symétriquement disposés, dont la monture émaillée en jaune pâle se détache sur un fond
partiel mosaïque bleu grisâtre; les feuilles sont
décorées de fleurs.

Diam. de la soucoupe, 0.110.

Haut. de la tasse, 0.038.

145 — Tasse et soucoupe de même forme et même
décor; le fond partiel est rose et les feuilles sont
décorées de fleurs sur fond d'or.

Diam. de la soucoupe, 0.110.

Haut. de la tasse, 0.038.

146 — Tasse hémisphérique et soucoupe à bord festonné, fond mosaïque rose sur lequel se détache
un médaillon en forme d'étoile à six pointes; dans
chaque division, alternativement un homme à
cheval et une tige de pêcher en fleur; au centre,
une femme assise auprès d'un lapin blanc.

Diam. de la soucoupe, 0.105.

Haut. de la tasse, 0.04.

147 — Tasse et soucoupe analogues à fond vert pâle.

148 — Tasse et soucoupe, fond émaillé rouge d'or, à
quatre médaillons oblongs et lobés, en réserve,
décoré de groupe de fruits en couleurs et alternant avec quatre cachets fond bleu, ornés d'un dragon ornemanisé en réserve; — au centre de la

soucoupe, un paysage en rouge et or, dans un médaillon réservé à six lobes.

> Diam. de la soucoupe, 0.115.
> Haut. de la tasse, 0.04.

149 — Tasse et soucoupe analogues; les bouquets des médaillons sont en or et argent; le médaillon central de la soucoupe est en forme d'étoile à six pointes et contient également un bouquet en or et argent.

> Diam. de la soucoupe, 0.115.
> Haut. de la tasse, 0.04.

150 — Tasse et soucoupe, fond émaillé bleu foncé à trois réserves lobées, contenant des coqs et des fleurs en or et argent.

> Diam. de la soucoupe, 0.112.
> Haut. de la tasse, 0.04.

151 — Tasse et soucoupe, fond émaillé rouge d'or, à réserve en forme de feuille de vigne, contenant des fleurs émaillées en bleu.

> Diam. de la soucoupe, 0.115.
> Haut. de la tasse, 0.038.

152 — Tasse et soucoupe hexagones, décorées d'une large bordure mosaïque verte sur laquelle s'enlèvent des fleurs; au centre de la soucoupe, un bouquet de pivoines et de chrysanthèmes.

> Diam. de la soucoupe, 0.115.
> Haut. de la tasse, 0.042.

153 — Petite tasse hémisphérique à bord évasé, décorée
de deux médaillons, l'un en forme de rouleau,
contenant des vases et objets sacrés; l'autre, en
forme de feuille, décoré de fleurs, entre les deux,
des papillons; sur le bord, des fleurs d'aubépine.
Pied en bois de fer.

Haut. totale, o.o55.

154 — Tasse et soucoupe à bord dentelé et double
rang de godrons, affectant la forme d'une fleur de
chrysanthème; la soucoupe est décorée de bouquets, l'intérieur de la tasse est teinté en carmin;
l'une et l'autre sont élevées sur des branchages
fleuris, en relief, et formant pieds.

Diam. de la soucoupe, o.11.

Haut. de la tasse, o.o45.

154 *bis.* — Tasse et soucoupe analogues.

155 — Tasse campanulée et soucoupe à bord dentelé,
affectant la forme d'une fleur de pivoine rose striée
de rouge, la soucoupe est supportée par les tiges
et le pédoncule de la fleur se détachant en ronde
bosse; l'intérieur des deux pièces est décoré de
branches de vigne chargées de grappes et sur
lesquelles courent des loirs.

Diam. de la soucoupe, o.1o5.

Haut. de la tasse, o,o35.

156 — Tasse campanulée et soucoupe à bord dentelé
et godronné, affectant la forme d'une fleur à pétales
roses et supportées par des tiges fleuries en ronde
bosse.

Diam. de la soucoupe, 0.105.
Haut. de la tasse, 0.04.

157 — Tasse-gobelet à double paroi ; la paroi extérieure
est réticulée à fond d'alvéoles, chargé de trois
médaillons en forme de fleurs de chrysanthèmes :
au bord et à la base, bordure rose, cailloutée de
noir et portant des fleurs de pêcher semées.

Haut. 0.08.

158 — Soucoupe analogue, décorée intérieurement de
bordures et alvéoles en rouge et or.

Diam. 0.127.

159 — Deux tasses à couverte céladon gris verdâtre,
décorée en émaux de la famille verte, d'un rocher
fleuri et de deux grues ; à l'intérieur, bordure de
fleurs. Pied en bois de fer.

Haut. 0.05.

160 — Tasse hémisphérique et soucoupe, fond rouge
brun, décorées de six médaillons circulaires en
réserve, contenant alternativement un chien de Fô
et une rosace entourée de ruban, en émaux de la
famille verte ; au centre de la soucoupe ; un chien

de Fô jouant avec une boule, dans un médaillon analogue, entouré de six fleurons blancs enlevés à la pointe.

Diam. de la soucoupe, o.11.
Haut. de la tasse. o.04.

161 — Petit plateau du même service, oblong à quatre lobes.

Long. o.125.

162 — Tasse et soucoupe fond vert, strié de noir figurant les flots de la mer sur lesquels s'enlèvent en blanc, jaune et violet de manganèse, des coquillages, des objets sacrés et des fleurs de pêchers. Porcelaine émaillée sur biscuit.

Diam. de la soucoupe, o.108.
Haut. de la tasse, o.04.

163 — Tasse hémisphérique et soucoupe à décor analogue ; l'intérieur de la tasse est décoré en bleu sous couverte.

Diam. de la soucoupe, o.102.
Haut. de la tasse, o.038.

164 — Tasse campanulée et soucoupe décorées extérieurement d'un fond émaillé sur biscuit, noir à branchages de pêcher en fleurs et trois médaillons oblongs lobés fond blanc à fleurs coloriées en jaune et manganèse ; l'intérieur de la tasse et de la

soucoupe est décoré de fleurs en bleu sous couverte et en émaux de la famille verte.

Diam. de la soucoupe, 0.118.

Haut. de la tasse, 0.04.

165 — Deux petites tasses fond noir sur lequel se détachent en réserve des rinceaux fleuris teintés en
vert. — Pied en bois de fer.

Haut. 0.045.

166 — Tasse conique et soucoupe fond noir émaillé,
décoré de tiges fleuries en couleurs et portant une
rosace à six rayons contenant des fleurs.

Diam. de la soucoupe, 0.115.

Haut. de la tasse, 0.04.

167 — Tasse conique et soucoupe fond noir émaillé
divisé par des filets rouges en compartiments sur
deux rangs et affectant la forme de pé ales de la fleur
d'hibiscus ; dans chaque compartiment, une chrysanthème rouge entourée de feuillages.

Diam. de la soucoupe, 0.115.

Haut. de la tasse, 0.04.

168 — Tasse-gobelet couverte et soucoupe octogones
à quatre faces décorées de paniers fleuris en couleurs sur fond blanc, et quatre pans coupés fond
émaillé noir portant une tige de chrysanthème en

couleurs ; au fond de la soucoupe, des fleurs semées.

Diam. de la soucoupe, o.125.
Haut. de la tasse, o.o85.

169 — Tasse et soucoupe fond émaillé rose quadrillé, à trois réserves décorées de fleurs ; au centre de la soucoupe et dans l'une des réserves de la tasse, cartouche ornemental, portant un écu armorié : de sable au cerf d'or.

Diam. de la soucoupe, o.112.
Haut. de la tasse, o.04.

170 — Tasse et soucoupe décorées en bleu et or d'une bordure de rocaille et d'un écu armorié timbré d'un casque à cimier formé par deux cornes d'or et supporté par un lion aux couleurs naturelles.

Diam. de la soucoupe, o.12.
Haut. de la tasse, o.04.

171 — Tasse hémisphérique et soucoupe à bordure noire quadrillée entourant un fond d'or clathré à quatre réserves lobées contenant des fleurs ; au centre, dans un encadrement composé d'une torsade en noir, un écu armorié, timbré d'un casque à lambrequins ; la même armoirie est reproduite au fond de la tasse.

Diam. de la soucoupe, o.11.
Haut. de la tasse, o.o35.

172 — Tasse et soucoupe à bordure de fleurs en or ;
entre deux fonds partiels : l'un de bâtons rompus en
rouge, l'autre d'or quadrillé de noir, trois médaillons
oblongs à quatre lobes, contenant des fleurs, reliés par trois cachets arabesques émaillés en bleu ,
au centre de la soucoupe, et sur chaque face de la
tasse, un médaillon circulaire, où se voient les
traces d'un chiffre en or.

Diam. de la soucoupe, 0.115.
Haut. de la tasse, 0.04.

173 — Petite tasse et soucoupe cotelées et à bord
dentelé, décorées de fonds partiels variés ; au centre
de la soucoupe et au fond de la tasse, un enfant
ailé parmi des fleurs.

Diam. de la soucoupe, 0.11.
Haut. de la tasse,

174 — Tasse et soucoupe de même forme ; les fonds
partiels sont chargés de fleurs, et le fond de la soucoupe est occupé par une femme couchée sur un
lit de repos.

175 — Tasse conique et soucoupe à bordure rouge
quadrillée d'or ; au fond de la soucoupe, dans un
encadrement de fleurs, un fond rouge à feuilles
d'or et demi rosaces roses, portant un médaillon
décoré d'un enfant ailé portant une tige de nélumbo ;
même sujet au fond de la tasse.

Diam. de la soucoupe, 0.105.
Haut. de la tasse, 0.04.

176 — Tasse et soucoupe bordées d'un double filet
noir et or; décor plein à sujet européen; paysage
montueux au milieu duquel un char, traîné par
des lions et conduit par des amours, porte quatre
personnages mythologiques.

Diam. de la soucoupe, 0.115.
Haut. de la tasse, 0.04.

177 — Tasse et soucoupe fond rouge de fer décoré de
rinceaux fleuris en or, entourant un médaillon
lobé, en réserve, où sont représentés en noir avec
rehauts d'or et de rouge, un homme et une femme
en costume européen du xviiie siècle; ils sont vus
à mi-corps, sur une sorte de balcon ouvragé;
l'homme joue de la guitare et la femme accoudée
sur l'appui du balcon tend une main vers un
petit chien placé en dehors.

Diam. de la soucoupe, 0.115.
Haut. de la tasse, 0.04.

178 — Tasse et soucoupe à bordure rose quadrillée;
au fond de la soucoupe, dans un médaillon circulaire entouré de trois groupes de fleurs, une bergère en costume Watteau assise sous une draperie
rose et tenant une houlette; autour d'elle, des
moutons paissant, dans un paysage rocheux.

Diam. de la soucoupe, 0.113.
Haut. de la tasse, 0.035.

179 — Tasse à anse et soucoupe fond jaune clouté de
noir ; bordure de lambrequins lilas cernés d'un filet
d'or ; sur chaque côté de la tasse et au fond de la
soucoupe, grande palmette lilas à sept folioles dont
les extrémités retournées montrent le revers réservé en blanc.

Diam. de la soucoupe, 0.117.
Haut. de la tasse, 0.065.

180 — Tasse hémisphérique et soucoupe à fond de
rinceaux fleuris en bleu sous couverte encadrant
un médaillon lobé, en réserve et décoré en noir
avec rehauts d'or ; écu armorié timbré d'un casque
à lambrequin surmonté d'une banderolle portant
les lettres I. D. W. ; sur la tasse, un second médaillon contient un chiffre entrelacé en or, entouré
de deux palmes vertes et surmonté d'une couronne
de comte.

Diam. de la soucoupe, 0.118.
Haut. de la tasse, 0.04.

181 — Tasse et soucoupe à bords lobés en porcelaine
mince, gaufrée en forme de fleur d'hibiscus ; bordure en noir et or quadrillée, entourant une sur-
décoration polychrome exécutée en Europe et
représentant un paysage où un berger et une bergère en costume Watteau font paître des moutons.

Diam. de la soucoupe, 0.112.
Haut. de la tasse, 0.035.

182 — Tasse hémisphérique et soucoupe; porcelaine blanche gaufrée en forme de fleur d'hibiscus; sur-décoration hollandaise en noir : des singes vêtus en hommes.

Diam. de la soucoupe, 0.105.
Haut. de la tasse, 0.035.

183 — Tasse et soucoupe; porcelaine blanche de Chine décorée en Europe : deux cavaliers armés d'une épée et courant l'un vers l'autre.

Diam. de la soucoupe, 0.13.
Haut. de la tasse, 0.055.

184 — Deux tasses-gobelets octogones portant au culot une bordure de dents de loup gravée; blanc de Chine portant une surdécoration polychrome exé-cutée en Europe et consistant en haies de grami-nées sur lesquelles sont perchés des oiseaux.

Haut. 0.07.

185 — Tasse et soucoupe à fond extérieur chamois très pâle et décorées intérieurement et extérieure-ment de fleurs en bleu sous couverte.

Diam. de la soucoupe, 0.115.
Haut. de la tasse, 0.04.

186 — Tasse et soucoupe à bord dentelé et godronné, décorées en bleu sous couverte de rinceaux et fleurs ornementales.

Marqué au Ting.

Diam. de la soucoupe, 0.11.
Haut. de la tasse, 0.045.

187 — Tasse et soucoupe, à bord festonné et culot godronné, décorées en bleu sous couverte d'une bordure à huit divisions contenant des fleurs; sur
chaque godron, alternativement des stries et une
fleur dressée.

Diam. de la soucoupe, 0.13.
Haut. de la tasse, 0.05.

188 — Tasse et soucoupe cotelées à bord dentelé décorées en bleu sous couverte; fond quadrillé sur
lequel s'enlèvent les pointes d'une bordure à six
divisions contenant des fleurs; au fond de la soucoupe, un rocher fleuri.

Diam. de la soucoupe, 0.135.
Haut. de la tasse, 0.045.

189 — Tasse et soucoupe à bord lobé; le pourtour de
la tasse et le bord de la tasse sont godronnés de
spirales contenant des tiges fleuries alternant avec
des branches de pin; au fond de la soucoupe, un
fong-hoang volant au milieu de rinceaux fleuris.

Diam. de la soucoupe, 0.13.
Haut. de la tasse, 0.045.

190 — Petite tasse et soucoupe décorées intérieurement de fleurs en bleu sous couverte; à l'extérieur,
couverte brune gravée à la meule de personnages
et d'arbustes. Cette partie de la décoration a été
exécutée en Hollande.

Diam. de la soucoupe, 0.102.
Haut. de la tasse, 0.035.

191 — Deux très petites tasses et soucoupes décorées
de fleurs en bleu sous couverte. En dessous, le
caractère *longévité*.

192 — Petite tasse couverte et soucoupe, fond bleu
fouetté, décorées en or d'un rocher fleuri sur le-
que est perché un oiseau.

Diam. de la soucoupe, 0.10.
Haut. de la tasse, 0.06.

193 — Théière en forme de coq; l'ouverture placée
sur le dos est cylindrique et fermée par un couvercle plat surmonté d'un oiseau.

Long. 0.185.

194 — Théière en forme de poule couchée; le couvercle est formé par une feuille sur laquelle est
placé un poussin; porcelaine émaillée sur biscuit,
en manganèse, blanc, vert et jaune.

Long. 0.16.

195 — Théière en forme de canard mandarin; le couvercle est surmonté d'une fleur de nélumbo dont
la tige recourbée forme l'anse.

Long. 0.195.

196 — Théière en forme de pêche de longévité élevée
sur piédouche; goulot en S et anse en poignée figurant une branche d'arbre; sur chaque face, un

groupe de trois grandes feuilles portant des fleurs ;
sur le piédouche, des lambrequins.

Haut. 0.13.

197 — Théière en forme de pêche de longévité, à goulot en S ; l'ouverture est formée par une sorte de
bol côtelé placé sur l'épaulement et supporté par
un enfant qui forme l'anse. Couverte vert camélia.

Haut. 0.10.

198 — Petite théière en forme de fruit de nélumbo ;
l'anse et le goulot sont formés par des tiges vertes.
Porcelaine émaillée sur biscuit. Couvercle rapporté, en métal.

199 — Théière sphérique à anse en poignée, goulot
tubulaire et couvercle bombé, entièrement décorée d'un fond vert vermiculé de noir figurant les
flots de la mer, sur lequel se détachent des objets
sacrés et des fleurs en couleurs.

Diam. 0.10.

200 — Théière sphérique à anse en poignée et petit
goulot tubulaire, craquelé chamois, décorée en
émaux de la famille verte, de pins, de grues et d'é-
ventails.

Diam. 0.12.

201 — Théière piriforme à goulot tubulaire et cou-
· vercle bombé, décorée en rouge rehaussé d'or, de

4

tiges de chrysanthème et de pêcher enveloppant la
panse et formant relief.

Haut. o.125.

202 — Théière sphérique à anse et goulot en S, décorée en relief ; sur chaque face un panier doré et
à jour, contenant des fleurs dont les tiges se répandent sur le corps de la théière ; à la base, à
l'ouverture et au bord du couvercle, bordure rouge
à rinceaux d'or.

Haut. o.125.

2o3 — Théière piriforme à couvercle bombé ; l'anse
et le goulot en S se rattachent à la panse par des
tiges fleuries en relief ; autour de la panse et au
culot des godrons teintés en rose, en vert et en
jaune ; d'un côté, un oiseau perché sur une branche
de pêcher en fleur ; de l'autre, un coq et des
poules.

Haut. o.115.

204 — Petite théière sphérique, à anse en poignée,
goulot tubulaire, et couvercle bombé à bouton
sphérique ; fond noir, décoré, sur réserve de fruits
et fleurs de pêcher semés, en rouge carmin.

Haut. o.o85.

2o5 — Petite buire bursaire à quatre lobes, à anse et
goulot en S ; entièrement émaillé en rose, gravé
de rinceaux ; couvercle rapporté en métal.

Haut. o.105.

206 — Boîte à thé ovoïde à piédouche entouré de rinceaux en relief, et ouverture cylindrique ; au pourtour, paysage où paissent des chèvres gardées par
de jeunes pâtres. Sur l'épaulement, bordures superposées; l'une de lambrequins, l'autre, mosaïque
en noir et or.

Haut. o og5.

207 — Boîte à thé ovoïde à six lobes, piédouche entouré de rinceaux en relief, et couvercle bombé ;
décor de fleurs et de vases ; sur l'épaulement, des
lambrequins.

Haut. o.13o.

208 — Boîte à thé ovoïde à piédouche entouré de rinceaux dorés en relief et à couvercle surmonté d'un
bouton conique doré ; sur chaque face un écu armorié timbré d'un casque à lambrequins rouges et
or, surmonté d'une couronne ducale ; sur les côtés,
une branche de fleur en or de deux tons ; sur
l'épaulement, guirlande de fleurs et de fruits, de
même.

Haut. o.124.

209 — Assiette creuse en porcelaine mince, bordure
mosaïque pavée noire chargée de fleurs et de
papillons en couleurs ; au fond, sujet familier :
un vieillard assis dans un fauteuil présente un fruit
à un enfant ; devant eux, une jeune femme assise
sur un tabouret et tenant un pinceau regarde un

enfant tenant une sorte de ligne à pêcher, debout devant une table chargée de livres et de pinceaux.

Diam. o.206.

210 — Assiette en porcelaine mince ; sur le marli, quatre groupes de fleurs ; au fond, un jeune homme en robe rose, agenouillé, courtise une jeune femme debout devant lui et tenant un chasse-mouches ; derrière eux, une table chargée de livres et de vases.

Diam. o.21.

211 — Assiette à marli décoré, sur fond d'argent, de médaillons fond rouge à arabesques d'or alternant avec des réserves contenant des fleurs émaillées en bleu ; au centre, sur un fond mosaïque noir, décoré de rinceaux sur émail blanc, médaillon à bord festonné contenant un sujet : une jeune femme à sa toilette, avec une suivante tenant une corbeille ; meubles, vases, etc.

Diam. o.22.

211 *bis*. — Assiette du même service dont le sujet représente une femme jouant d'un instrument à corde.

Diam. o.22.

212 — Assiette à marli décoré d'une bordure mosaïque lilas à trois réserves de fleurs ; au centre, dans un

encadrement quadrillé vert pâle, une divinité à cheval sur un bœuf blanc, et tenant à la main une tige de nélumbo, traverse les ondes de la mer, accompagnée de deux suivantes portant des fruits et des attributs, debout sur les flots.

Diam. o.23.

213 — Assiette décorée sur le marli, d'une bordure brodée de fleurs en émail blanc, à quatre médaillons contenant des paysages en camaïeu rose, alternant avec quatre médaillons plus petits décorés de fleurs en noir ; au centre, dans un encadrement de rinceaux fleuris émaillés en bleu, un rocher entouré d'arbustes en fleurs et chargés de deux oiseaux.

Diam. o.22.

214 — Assiette à marli décoré de grosses fleurs et de fruits entourant quatre médaillons contenant alternativement un poisson et un oiseau : au fond, un groupe de fleurs.

Diam. o.22.

215 — Assiette à bordure bleu pâle quadrillée de noir ; fond clathré d'or portant une grande rosace à six dents décorée de fleurs en couleur et en or.

Diam. o.22.

216 — Assiette à bord octogone ; bordure mosaïque

rose ; sur le marli, quatre bouquets ; au fond, un rocher fleuri portant un faisan.

Diam. 0.22.

217 — Assiette à bordure de rinceaux verts à fleurs rouge ; fond rouge décoré de rinceaux fleuris en réserve et rehaussés d'or, portant un médaillon central dans lequel est un fong-hoang volant au milieu des nuages; autour, quatre médaillons quadrangulaires rayonnant et contenant des rochers fleuris. Le revers est bleu fouetté.

Diam. 0.2o5.

218 — Deux assiettes à bord dentelé et godronné ; sur le marli, bordure de rosaces reliées par des rinceaux ; au fond, un rocher sur lequel est perché un faisan, et entouré de tiges de pivoines.

Diam. 0.2o1.

219 — Assiette à large bordure verte à rinceaux figurant les flots de la mer, et décorée en bleu, jaune et manganèse, de poissons, de crustacés, de coquillages et de fleurs ; médaillon central décoré, en bleu sous couverte, d'un fong-hoang volant dans les nuages. En dessous, inscription de deux caractères : *Ta Ming*.

Diam. 0.21.

220 — Assiette à marli décoré d'une bordure verte cailloutée, semée de fleurs de pêcher rouge, à

quatre réserves contenant des perdrix picorant ; au fond, des perdrix sous des tiges de fleurs et des graminées.

Diam. 0.22.

221 — Assiette analogue à marli étroit.

Diam. 0.21.

222 — Assiette à marli décoré d'une bordure de demi-rosaces reliées par des rinceaux ; au centre, des vases et objets sacrés. Marque au Ling-tchy.

Diam. 0.215.

223 — Assiette à décor plein ; fond émaillé noir chargé de rinceaux polychromes, entourant une réserve en forme de rouleau déployé sur lequel est un bouquet de pivoines et de chrysanthèmes.

Diam. 0.22.

224 — Petit plat décoré, sur le marli, d'enroulements en rouge et violet à rehauts d'or entrelacés de feuilles d'acanthe vertes à revers jaune ; sur la chute, bordure gros bleu décorée en or ; au fond, une iris et une anémone, sur lesquelles sont posées des chenilles ; au dessus, un papillon.

Diam. 0.255.

225 — Assiette à marli décoré d'une bordure mosaïque en noir et or à quatre réserves de paysages ; au fond, sujet représentant un pêcheur au bord d'une

rivière, dessiné en noir et reproduisant une gravure européenne.

Diam. o.22.

226 — Deux assiettes à bord festonné, décorées sur le marli de palmettes et de rosaces; au fond, cartouche doré entouré de rocailles en couleurs et portant un écu armorié.

Diam. o.25.

227 — Assiette à marli décoré de fleurs, et portant, au centre, un écu aux armes de la famille d'Oultremont, surmonté d'une couronne de comte et entouré du collier de Saint-Michel.

Diam. o.:3.

228 — Assiette à bord festonné, décorée sur le marli de rocailles; au fond, un écu armorié : d'azur à deux poissons d'or et trois étoiles de même.

Diam. o.22.

229 — Assiette portant, sur le marli, une bordure mosaïque rose et noire coupée par quatre réserves de fleurs ; sur la chute, bordure verte quadrillée de rouge, à quatre réserves de fleurs; au fond, cartouche à bord en volutes, entouré de guirlandes et portant un écu ovale armorié, timbré d'une couronne de marquis.

Diam. o.22.

230 — Assiette à bordure semblable; au fond, deux écus armoriés réunis sous une couronne de marquis et soutenus par deux léopards.

231 — Deux assiettes creuses, à bord octogone; bordure mosaïque noire festonnée d'or ; au fond, cartouche ornemental doré entouré de guirlandes de fleurs et portant un écu armorié, timbré d'un bandeau surmonté d'un cimier formé par une tête de cheval.

Diam. 0.22.

232 — Deux petites assiettes creuses à bord doré; au centre, une double armoirie timbrée d'un casque à lambrequins portant un phénix comme cimier; sur la chute, bordure mosaïque rouge et or, coupée par quatre réserves à fleuron doré entouré de feuillages ; sur le marli, un paysage, deux groupes de fleurs, et une répétition du cimier, alternant avec des coupes remplies de fruits.

Diam. 0.16.

233 — Deux compotiers à bord évasé; fond bleu fouetté portant, en réserve, trois médaillons en forme de palme décorés de tiges fleuries en émaux de la famille verte.

Diam. 0.21.

234 — Compotier à bord évasé et bordure de fleurs ornementales; au centre, dans un encadrement,

de petits lambrequins tracés en rouge, groupe de chrysanthèmes et de pivoines, sur un fond d'imbrications rouges.

Diam. 0.21.

235 — Deux compotiers à bord dentelé; entre deux bordures à fond rouge décoré en réserve de rinceaux et de bleu, huit compartiments rayonnant fond rose décoré de bâtons rompus et de rinceaux en or, contenant, chacun, un enfant debout sur une feuille de nélumbo; au centre, une rosace rouge.

Diam. 0.21.

236 — Compotier en porcelaine mince à bordure mosaïque en lilas rehaussé de vert et de rouge, à quatre réserves contenant des rinceaux polychromes partant d'une rosace en or; au fond, une femme assise sur un banc, ayant à côté d'elle des livres et une coupe remplie de fruits, surveille deux enfants debout et dont l'un tient un oiseau; au fond, des vases et une table. Revers rouge d'or.

Diam. 0.205.

237 — Compotier en porcelaine mince portant, au bord, trois tiges de fleurs; au fond, dans un médaillon circulaire, une femme assise dans un jardin auprès d'une table rustique regarde un enfant qui, monté sur un tabouret, cueille une branche d'ar-

bre fleurie ; entre eux, un lapin blanc ; dans le ciel, un nuage au-dessus duquel on aperçoit le toit d'une pagode.

Diam. 0.204.

238 — Compotier à large bordure vert d'eau à têtes de clous décorée de palmettes et de médaillons lobés, en réserve, contenant des fleurs et des insectes ; au centre, un pavillon de verdure entouré de fleurs et contenant deux personnages ; sur le devant, des enfants jouant au bord d'un bassin où nagent des canards.

Diam. 0.245.

239 — Deux petites soucoupes à décor semblable, en bleu sous couverte.

Diam. 0.092.

240 — Compotier portant extérieurement et intérieurement, au-dessous d'une bordure de fleurons dorés, un rang de godrons teinté en jaune pâle, figurant les pétales d'une fleur de nélumbo ; au centre, un bouquet de chrysanthèmes en couleurs et or.

Diam. 0.20.

241 — Compotier décoré d'une bordure à fonds partiels d'or quadrillés de noir et médaillons oblongs contenant des poissons, alternant avec des oiseaux aquatiques ; au centre, dans un encadrement doré

à zigzags, sujet connu sous le nom du *Repas de poisson*.

Diam. o.22.

242 — Petit plateau oblong à bordure vert d'eau imbriquée, décorée du même sujet.

Long. o.13.

243 — Coupe à bord évasé, à fond vert vermiculé gravé, décoré de deux tiges fleuries en couleurs.

Diam. o.225.

244 — Coupe analogue, fond jaune décorée d'une tige de roses.

Diam. o.225.

245 — Coupe hexagone, à bord lobé et évasé, décorée d'une bordure divisée en six compartiments dont chacun porte, sur fond mosaïque varié, un médaillon oblong contenant des poissons et des reptiles; au fond, des nélumbos émergeant d'un étang.

Diam. o.20.

246 — Coupe évasée, à bordure cailloutée en bleu sous couverte; au fond, une rosace émaillée en en rouge et jaune, autour de laquelle rayonnent six palmettes à bord dentelé, décorée d'une tige fleurie dressée alternativement sur fond rouge et sur fond jaune.

Le revers est revêtu d'une couverte feuille morte.

Diam. o.23.

247 — Coupe hémisphérique à bord rentrant et festonné et plateau analogue, décorés d'enroulements multicolores en relief, représentant des nuages (?) au milieu desquels volent des chauves-souris.

Diam. du plateau. o.145.
Haut. de la coupe. o.065.

248 — Bol couvert à deux anses et son plateau, affectant la forme d'une fleur de chrysanthème rose ; des tiges dorées enveloppent le bol et le couvercle et supportent le plateau.

Diam. du plateau. o.162.

249 — Petit plateau hexagone à bord lobé ; bordure mosaïque verte, à trois réserves de fleurs et rinceaux ; fond d'or clathré portant un médaillon à bord festonné, décoré d'un rocher fleuri, sur lequel est perché un coq.

Diam. du bol. o.115.

250 — Petit plateau hexagone à bord lobé ; bordure rose quadrillée, à quatre réserves de fleurs ; au fond, la mer portant sur ses flots une divinité debout et tenant une corbeille de fleurs, accompagnée d'un enfant et suivie d'un axis.

Diam. o.135.

251 — Petit plateau hexagone à bord lobé ; fond d'or clathré entourant une rosace à six rayons décorés de fleurs ; au centre, une rosace à bord doré et lobé contenant un bouquet.

Diam. 0.125.

252 — Petit plateau hexagone à bord lobé à bordure verte quadrillée coupée par trois rinceaux contre bordure de fleurs alternant avec trois fonds partiels mosaïques roses ; au centre, médaillon à bord lobé et fleuronné contenant un vase de fleurs et une coupe remplie de fruits.

Diam. 0.13.

253 — Petit plateau oblong, hexagone, à bord lobé ; bordure mosaïque pavée en rouge, rehaussée de points bleus, coupée par quatre réserves contenant une rosace dorée ; fond d'or clathré et de fleurs, à médaillon central, renfermant un écu ovale bleu, portant un chiffre en or et surmonté d'une couronne de comte.

Long. 0.125.

254 — Petit plateau oblong, hexagone, à bord lobé ; bordure rose quadrillée ; fond mosaïque noir, portant une réserve à contours irréguliers, entourée de fleurs et contenant un rocher fleuri sur lequel est perché un fong-hoang.

Diam. 0.115.

255 — Petit plateau oblong à quatre lobes, à bordure mosaïque bleu très pâle, à quatre réserves de fleurs; au fond, un faisan perché sur un rocher entouré de roses.

Long. o.11.

256 — Plateau à six lobes; fond de rinceaux fleuris, portant, en réserve, deux médaillons en forme de feuille et décorés de fleurs; au centre, une rosace en relief, formée par une fleur de chrysanthème.

Diam. o.155.

257 — Plateau à bord lobé et godronné; décoré en relief de pampres polychromes, parmi lesquels courent deux loirs dorés.

Diam. o 16.

258 — Petit plateau hexagone à bord lobé, décor plein, de style européen; un homme verse à boire à une bergère accompagnée d'un enfant; fond de paysage.

Diam. o.125.

259 — Deux petits plateaux hexagones provenant d'un surtout; fond émaillé vert décoré de tiges de pêcher en fleur; dans l'un, les fleurs sont teintées en rose.

Diam. o.12.

260 — Petit plateau oblong hexagone; bordure rose quadrillée à deux réserves, contenant des fleurons

en or; fond clathré bleu turquoise, portant une réserve à bords irréguliers, encadrée d'un filet et de fleurs en or; au centre, en noir, une divinité accompagnée d'une suivante, qui lui présente une coupe remplie de fruits.

Long. o.122.

261 — Pot à crème couvert, du même service.

Haut. o.11.

262 — Petit plateau carré à pans coupés; fond gaufré de bouquets d'aubépine; bordure verte piquetée de noir et décorée de fleurs ornementales. à quatre petites réserves de fleurs; au centre, petit médaillon circulaire, bordé.de même et contenant une fleur.

Diam. o.13.

263 — Coupe hémisphérique godronnée, à bord dentelé affectant la forme d'une fleur de chrysanthème; chaque pétale est décorée d'un fond partiel varié: au centre, fond quadrillé rouge, coupé par des nuages émaillés en vert et jaune.

Diam. o.12.

264 — Coupe à bord relevé et dentelé formée d'une feuille de nélumbo sur laquelle se trouvent un poisson et une grenouille en relief. Émail vert foncé.

Diam. o.143.

265 — Petite coupe hémisphérique élevée sur un
pied à base élargie; décorée de bordures en bleu
sous couverte, et surdécorée en Hollande d'un
fond quadrillé rouge à quatre divisions contenant
des paniers fleuris en rouge et vert à rehauts d'or.

Haut. 0.08.

266 — Deux coupes à bord dentelé et godronné, décorées en bleu sous couverte et émaux de la famille verte; bordure divisée en six compartiments
ornés de motifs deux fois répétés; au centre, une
femme tenant un écran, appuyée sur un rocher.

Diam. 0.16.

267 — Deux soucoupes à bordure jaune pâle, décorée
de feuillages tracés en noirs, et de fleurons rouges;
au centre, médaillon à encadrement octogone
rouge à rinceaux d'or et entouré de fleurs, contenant un vase, des livres et des rouleaux.

Diam. 0.155.

268 — Grande soucoupe bordée d'un double filet noir
et or; au fond, une femme assise sur un fauteuil;
auprès d'elle, trois enfants tenant divers attributs;
au fond, des vases, une liasse de livres et une
table.

Diam. 0.155.

269 — Soucoupe à fond blanc mat émaillé et gravé
de rinceaux, portant une tige de fleurs en couleurs.

Diam. 0.152.

270 — Grande soucoupe à bord évasé décorée d'une
rosace centrale à quatre branches formées de fleurons lobés et terminés en pointe, contenant des
rinceaux verts fleuris; au centre, l'emblème des
forces de la nature; autour, la pierre sonore et la
perle entourées de rubans.

Diam. 0.157.

271 — Soucoupe émaillée sur biscuit en violet de
manganèse, à décor gravé et teinté en vert : un
dragon à cinq griffes volant parmi les nuages. —
En dessous, inscription de six caractères gravés,
indiquant la date de *Wan-li* (1578-1620).

Diam. 0.14.

272 — Deux soucoupes à bord évasé et godronné en
spirales; au fond, un rocher fleuri ; sur le bord, des
tiges de fleurs; revers nankin, décoré d'une bordure de dents de loup en vert et lilas et de trois
tiges fleuries. — Marque au Ling-tchy.

Diam. 0.132.

273 — Deux petites soucoupes à bord festonné et
gaufrées de deux rang de godrons superposés, et

décorés de fleurs ; au centre, un bouquet de nélumbos.

Diam. 0.08.

274 — Soucoupe à fond émaillé rouge d'or, décoré de
trois papillons en couleurs, à rehauts d'or ; au centre, médaillon circulaire en réserve contenant une
fleur.

Diam. 0.115.

275 — Soucoupe à fond émaillé rouge d'or, décoré en
réserve d'une rosace à cinq pointes, contenant des
tiges fleuries émaillées en bleu.

Diam. 0.115.

276 — Soucoupe à bordure de rinceaux dorés, encadrant un fond de fleurs émaillées en bleu, sur lequel se détache un médaillon à quatre lobes décoré de tiges de pivoine, d'aubépine et de bambou,
sur lesquelles est perché un oiseau.

Diam. 0.115.

277 — Soucoupe fond bleu empois, décoré de rinceaux fleuris émaillés en bleu, entourant un médaillon à bord lobé et doré, contenant un bouquet
de roses.

Diam. 0.145.

278 — Soucoupe décorée de trois éventails, à feuille
d'or décorée de fleurs, reliés par des rinceaux d'or.

Diam. 0.103.

279 — Soucoupe à fond d'or quadrillé de rouge, portant une grande rosace à six divisions rayonnantes, décorées d'enfants; au centre, une femme sur un cheval blanc.

Diam. 0.115.

280 — Soucoupe à bord évasé, portant au centre une réserve entourée d'un filet saillant destiné à retenir la tasse; fond noir, décoré en émaux de couleurs, de dragons volant parmi les nuages; bordure de petits lambrequins verts sur fond jaune ponctué de rouge.

Diam. 0.118.

281 — Coupe à eau à trois petits pieds, formée d'une fleur de nélumbo, dont le pédoncule sert de déversoir; à l'intérieur, un petit poisson en relief. Couverte gros bleu.

Diam. 0.095.

282 — Deux vases à eau en forme de personnages accroupis, à crâne énorme et longue barbe, vêtus de robes vertes décorées du caractère longévité rouge sur fond blanc, chez l'un; bleu sur fond jaune, chez l'autre; tous deux tiennent à deux mains devant eux une demi-pêche de longévité formant déversoir.

Haut. 0. 115.

283 — Vase à eau composé d'un singe accroupi tenant devant lui une pêche de longévité dont la tige forme déversoir.

Long. 0.09.

284 — Deux petits vases à eau en forme de loirs tenant une branche de pampres teintée aux couleurs naturelles; l'un est émaillé en noir, l'autre en lilas.

Long. 0.07.

285 — Vase à eau formée par une grenouille portant un petit sur son dos. Couleurs naturelles.

286 — Vase à eau en forme de bouton de nélumbo, dont l'anse est formée par le pédoncule et par une tige terminée par une feuille en relief. Porcelaine émaillée sur biscuit, en jaune, vert et manganèse.

Long. 0.09.

287 — Porte-pinceaux ajouré, composé de trois dragons enlacés sur une base quadrangulaire.

Long. 0.14.

288 — Boîte quadrangulaire à couvercle ajouré; biscuit à fond gravé de paillettes et décoré de fleurs émaillées en blanc.

Long. 0.08.

289 — Petite boîte de forme sphérique surbaissée; couverte vert camélia. Pied en bois de fer ajouré.

Diam. 0.07.

290 — Cage à grillons quadrangulaire, ajourée sur
trois faces: sur les côtés, grillage symétrique émaillé
en vert; sur la partie supérieure, deux dragons dorés volant parmi les nuages.

Long. 0.205.

291 — Cage à mouche sphérique entièrement ajourée;
fond jaune réticulé, portant quatre médaillons à
encadrements circulaires contenant des fleurs polychromes.

Diam. 0.10.

292 — Deux salières à base ajourée, décorée de tiges
de pivoine; plateau supérieur à grande rosace en
forme de chrysanthème entourée d'une bordure de
godrons ornés de fleurs.

Haut. 0.055.
Diam. 0.09.

293 — Petite tour hexagone à sept étages percés de
fenêtres cintrées et toit pointu émaillé en jaune.

294 — Deux manches de couteaux fond noir à fleurs
de couleurs et bordures quadrillées de vert et de
rouge.

Haut. 0.12.

295 — Deux petites jonques en porcelaine émaillée
sur biscuit en blanc, vert, jaune et violet de manganèse.

Long. 0.10.

296 — Rocher ajouré portant une petite pagode; à la
base, à gauche, un personnage debout. — Porcelaine émaillée sur biscuit en violet de manganèse,
jaune et vert.

Haut. o.15.

297 — Rocher ajouré entouré de fabriques; à la base,
un pont à trois arches. — Porcelaine émaillée sur
biscuit en violet de manganèse, vert jaune et
blanc.

Haut. o.21.

298 — Deux groupes sur terrasse. composés de rochers
et tiges de pêchers chargées de fleurs et de fruits,
sur lesquels sont perchés deux oiseaux.

Haut. o.16.

299 — Groupe de grenades superposées et disposées
en pyramide.

Haut. o.132.

3oo — Petit vase en forme de fruit sphérique à huit
côtes; émaillé en bleu soufflé de vert pâle et portant
gravés à la partie supérieure des branchages fleuris;
base adhérente émaillée en brun foncé.

3o1 — Petit vase en forme de grenade; terre laquée à
à l'imitation du cuivre rouge.

302 — Trois fruits émaillés aux couleurs naturelles ;
une pêche de longévité, une grenade et une
tomate.

303 — Quatre petits vases contenant des fleurs en
relief. — Porcelaine émaillée sur biscuit en blanc,
jaune, vert et violet de manganèse.

304 — Petit trépied émaillé de vert, relié par un
médaillon circulaire, ajouré et portant un plateau
caillouté de noir et décoré de fleurs de pêcher. —
Sur ce trépied est posée une sorte de pyramide,
composée de grappes de raisin, parmi lesquelles
courent des loirs.

PORCELAINES DU JAPON

305 — Vase d'applique en forme de gourde, décoré de
branchages bleus, chargés de fruits rouges en
relief; sur la partie inférieure, ouverture simulée
par où s'échappe un cheval formant relief; autour
du col, bordure de trois lambrequins alternativement fond vert et fond rouge, décorés de fleurs en
réserve.

Une pièce semblable est décrite dans l'*Histoire
de la Porcelaine* de Jacquemart.

Haut. 0.22.

3o6 — Petit vase ovoïde à piédouche et ouverture
cylindrique, décoré d'un bouquet de chrysanthèmes
en couleurs et or.

Haut. 0.09.

3o7. — Deux très petites gourdes à deux renflements
et ouverture cylindrique; craquelé chamois, décoré
en bleu, vert et or de fleurs de pêcher semées et
d'une bordure de faux godrons.

3o8 — Petite tasse hémisphérique à bord légèrement
évasé, décorée au pourtour d'une bande quadrillée
en rouge et vert, coupée, d'un côté, par un groupe
de deux femmes en longue robe, et portant des
fleurs; de l'autre, par un bouquet de chrysanthèmes.

Pied en bois de fer.

Haut. totale. 0.065.

3o9 — Tasse et soucoupe, décor polychrome; des
perdrix près de haies de graminées d'où s'élancent
des tiges d'aubépine, et des millets sur lesquels est
perché un perroquet.

Diam. de la soucoupe, 0.128.
Haut. de la tasse, 0.045.

3io — Petite tasse hémisphérique et soucoupe décorées en bleu, rouge, vert et or, de fonds partiels,
rosaces et fleurons.

Diam. de la soucoupe, 0.102.
Haut. de la tasse, 0.035.

311 — Soucoupe à bord brun, décorée d'un rocher
auprès duquel se dressent un pin et des tiges d'aubépine ; sur l'une est perché un perroquet; à la
base, un tigre.

Diam. 0.12.

312 — Petite théière décorée en bleu rouge et or,
affectant la forme d'une grenade dont l'ouverture
est fermée par un couvercle en forme de fleur.

Diam. 0.06.

313 — Deux compotiers octogones à marli étroit relevé
au bord et décoré de fleurs; au fond, sujet légen-
daire : trois enfants jouant; l'un est tombé dans
un vase rempli d'eau; un des deux autres brise à
coups de pierre le vase pour faire écouler l'eau,
et l'autre lui tend la main pour l'aider à sortir.

Diam. 0.22.

314 — Deux compotiers à bordure d'or décorée de
fleurons et feuillages rouges et coupée par huit
réserves contenant des groupes de trois feuilles en
rouge et or; le fond est occupé par une sorte de
pavillon surmonté de rideaux relevés par des cor-
delières à glands, auprès duquel est une femme
en longue robe précédée par un serviteur portant
une corbeille de fruits.

Diam. 0.205.

315 — Coupe hémisphérique truitée chamois décorée
de branchages de pin et de bambous émaillés en
vert et bleu [et rehaussés d'or. — (Vente Barbet de
Jouy).

Diam. 0.095.

316 — Deux coupes à bord relevé et festonné; bordure à huit compartiments émaillés verts et gaufrés ;
au fond, décor arabesques d'ornements et fleurons
en relief, et émaillé en jaune, vert et manganèse.

Diam. 0.16.

317 — Feuille ovale supportée par trois petits pieds et
dont les bords sont légèrement relevés; elle contient un fruit côtelé rattaché à sa tige, teinté en
rouge et portant une ouverture circulaire.—Terre
émaillée.

Long. 0.13.

318 — Feuille de nélumbo à bords repliés en forme
de coupe, portant un poisson rouge à large queue.
— Terre émaillée.

Long. 0.14.

319 — Porte pinceau ajouré en forme d'éventail élevé
sur une base quadrangulaire ; terre jaunâtre décorée en vert brun et rouge.

Long. 0.155.

320 — Petit vase sphérique couvert, décoré, sur fond
noir, de médaillons fond rouge contenant des divi-
nités houddhiques et des rosaces alternant avec
des flammes. — Porcelaine de Siam.

Diam. 0.08.

OBJETS DIVERS

321 — Chien de Fô debout sur une base quadrangulaire. — Cristal de roche.

Haut. 0.075.

322 — Petite coupe libatoire ovale à bord s'évasant en
déversoir à une extrémité ; à l'autre, une anse en S
terminée par une tête chimérique ; au pourtour,
bande à quadrillages encadrant des points saillants.
— Jade gris.

Long. 0.11.

323 — Figurine de femme en longue robe, debout et
élevant à deux mains un vase à la hauteur de sa
tête. — Nacre. — Pied en bois de fer ajouré.

Haut. totale. 0.10.

324 — Figurine d'homme debout et marchant, tenant
un petit vase d'où sort un poisson ; base prise
dans la masse et figurant un rocher. — Bambou.

Haut. 0.14.

325 — Netzké composé d'un axis accroupi et portant
sur son dos un singe qui lui présente un fruit à
manger; un autre singe se joue entre ses pattes.—
Ivoire.

326 — Netzké en forme de bouton lenticulaire, en
deux parties superposées, décorées de personnages
sculptés en creux et d'une inscription gravée. —
Ivoire.

327 — Figurine de personnage accroupi, vêtue d'une
robe noire à revers rouges et décor de fleurs et
rosaces en or. — Vieux laque de Chine.

Haut. o.115.

328 — Deux petits plateaux à bord évasé, décoré d'une
bordure à quatre compartiments : deux imbriqués
de rouge sur fond jaune, deux cailloutés de rouge
sur fond blanc et portant des fleurs de pêcher
semées; au centre, un intérieur; dans l'un, un
homme accoudé à une table; dans l'autre, une
femme portant un enfant. — Émail peint de Chine.

COLLECTION DE M. H***

PORCELAINES

DE LA CHINE ET DU JAPON

Carte d'entrée à l'Exposition particulière

Hôtel Drouot, Salle n° 5

Le Dimanche 20 Avril 1884, de 1 heure à 5 heures

COMMISSAIRE-PRISEUR	EXPERT
Me PAUL CHEVALLIER	M. MANNHEIM

www.ingramcontent.com/pod-product-compliance
Ingram Content Group UK Ltd.
Pitfield, Milton Keynes, MK11 3LW, UK
UKHW031829170726
13836UKWH00004B/1573